Zona de construcción

Las excavadoras

por Rebecca Pettiford

Ideas para padres y maestros

Bullfrog Books permite a los niños practicar la lectura de textos informativos desde el nivel principiante. Las repeticiones, palabras conocidas y descripciones en las imágenes ayudan a los lectores principiantes.

Antes de leer
- Hablen acerca de las fotografías. ¿Qué representan para ellos?
- Consulten juntos el glosario de las fotografías. Lean las palabras y hablen de ellas.

Durante la lectura
- Hojeen el libro y observen las fotografías. Deje que el niño haga preguntas. Muestre las descripciones en las imágenes.
- Léale el libro al niño o deje que él o ella lo lea independientemente.

Después de leer
- Anime al niño para que piense más. Pregúntele: Las excavadoras son máquinas grandes. Ellas cavan y levantan. ¿Conoces otras máquinas grandes que hagan esto?

Bullfrog Books are published by Jump!
5357 Penn Avenue South
Minneapolis, MN 55419
www.jumplibrary.com

Library of Congress Cataloging-in-Publication Data

Names: Pettiford, Rebecca, author.
Title: Las excavadoras / por Rebecca Pettiford.
Other titles: Diggers. Spanish
Description: Minneapolis, MN: Jump!, Inc., [2023]
Series: Zona de construcción
Translation of: Diggers. | Audience: Ages 5–8
Identifiers: LCCN 2022009092 (print)
LCCN 2022009093 (ebook)
ISBN 9781636909783 (hardcover)
ISBN 9781636909790 (paperback)
ISBN 9781636909806 (ebook)
Subjects: LCSH: Excavating machinery
Juvenile literature.
Classification: LCC TA735 .P46518 2023 (print)
LCC TA735 (ebook)
DDC 621.8/65—dc23/eng/20220304

Editor: Jenna Gleisner
Designer: Michelle Sonnek
Content Consultant: Ryan Bauer
Translator: Annette Granat

Photo Credits: uatp2/iStock, cover; Petair/ Shutterstock, 1; Vereshchagin Dmitry/Shutterstock, 3; Sablin/iStock, 4; GIRODJL/Shutterstock, 5; smereka/Shutterstock, 6–7, 23tr; Henrik A. Jonsson/ Shutterstock, 8–9; joseh51camera/iStock, 10; michaeljung/Shutterstock, 11, 23tl, 23bl; Dmitry Kalinovsky/Shutterstock, 12–13; OlegDoroshin/ Shutterstock, 14; AYDO8/Shutterstock, 15; Aleksandr Rybalko/Shutterstock, 16–17; Maksim Safaniuk/Shutterstock, 18–19; Maksim Safaniuk/ iStock, 20–21, 23br; Bjorn Heller/Shutterstock, 22; parrus/iStock, 24.

Printed in the United States of America at Corporate Graphics in North Mankato, Minnesota.

Tabla de contenido

Una gran excavación

Una excavadora cava.

Es una máquina grande.

Una excavadora levanta.

Ella también
mueve cosas.

Se mueve sobre
cadenas de oruga.

cadenas
de oruga

Ella anda sobre rocas y lodo.

José va a despejar esta tierra.

Él entra en la cabina.

Él usa los controles.

controles

brazo

pluma

La pluma se mueve hacia afuera.

El brazo se mueve hacia abajo.

El balde es grande.

balde

Este cava.

¡Él cava un montón de tierra!

Levanta la tierra.

La echa en un camión.

La cabina gira.

La excavadora cava en cada lado.

¡Las excavadoras hacen trabajos grandes!

Las partes de una excavadora

¿Cuáles son las partes de una excavadora? ¡Échales un vistazo!

cabina

pluma

brazo

balde

cadena de oruga

Glosario de fotografías

cabina
El área en una máquina grande donde el conductor se sienta.

cadenas de oruga
Las correas de acero en la parte de abajo de una excavadora que mueven la máquina.

controles
Las palancas, los interruptores y otros dispositivos que hacen funcionar una máquina.

despejar
Sacar cosas que están cubriendo o bloqueando un espacio.

Índice

Para aprender más

Aprender más es tan fácil como contar de 1 a 3.

➊ Visita www.factsurfer.com

➋ Escribe "lasexcavadoras" en la caja de búsqueda.

➌ Elige tu libro para ver una lista de sitios web.

ZONA DE CONSTRUCCIÓN

¡Mira y aprende con esta serie llena de acción
cómo estas grandes máquinas cavan, nivelan,
levantan y aplanan! ¿Has leído todos los libros?

ZONA DE CONSTRUCCIÓN
LAS APLANADORAS
Bullfrog

ZONA DE CONSTRUCCIÓN
LAS EXCAVADORAS
Bullfrog

ZONA DE CONSTRUCCIÓN
LAS GRÚAS
Bullfrog

ZONA DE CONSTRUCCIÓN
LAS RETROEXCAVADORAS
Bullfrog

ZONA DE CONSTRUCCIÓN
LOS BULDÓCERES
Bullfrog

ZONA DE CONSTRUCCIÓN
LOS CAMIONES HORMIGONERA
Bullfrog

www.jumplibrary.com
www.jumplibrary.com/teachers

IL: Grades K–3 GRL: F

ISBN 978-1-63690-979-0

9 781636 909790

90000